BEI GRIN MACHT SICH IHR WISSEN BEZAHLT

AF125122

- Wir veröffentlichen Ihre Hausarbeit, Bachelor- und Masterarbeit

- Ihr eigenes eBook und Buch - weltweit in allen wichtigen Shops

- Verdienen Sie an jedem Verkauf

Jetzt bei www.GRIN.com hochladen und kostenlos publizieren

Bibliografische Information der Deutschen Nationalbibliothek:

Die Deutsche Bibliothek verzeichnet diese Publikation in der Deutschen National-bibliografie; detaillierte bibliografische Daten sind im Internet über http://dnb.d-nb.de/ abrufbar.

Impressum:

Copyright © 2017 GRIN Verlag
Druck und Bindung: Books on Demand GmbH, Norderstedt Germany
ISBN: 9783668731202

Dieses Buch bei GRIN:

https://www.grin.com/document/429476

Lion Beständig

Die Umsetzung eines Trainingsplanes anhand der Grundlagen des Ausdauertrainings

GRIN Verlag

GRIN - Your knowledge has value

Der GRIN Verlag publiziert seit 1998 wissenschaftliche Arbeiten von Studenten, Hochschullehrern und anderen Akademikern als eBook und gedrucktes Buch. Die Verlagswebsite www.grin.com ist die ideale Plattform zur Veröffentlichung von Hausarbeiten, Abschlussarbeiten, wissenschaftlichen Aufsätzen, Dissertationen und Fachbüchern.

Deutsche Hochschule für

Prävention und Gesundheitsmanagement

Hermann Neuberger Sportschule 3

66123 Saarbrücken

Einsendeaufgabe

Fachmodul:	Trainingslehre II
Studiengang:	Fitnessökonomie (BFÖ)
Datum Präsenzphase:	20.11.17 – 22.11.17
Name, Vorname:	Beständig, Lion
Studienort:	**Stuttgart**
Semester:	**SS 16**

Inhaltsverzeichnis

1 Diagnose

1.1 Allgemeine und biometrische Daten

Bei einem ausführlichen Eingangsgespräch wurden alle relevanten und wichtigen Daten des Probanden, die für die weitere Trainingsplanung benötigt werden, erhoben und in der nachfolgenden Tabelle festgehalten.

Tabelle 1: Allgemeine Daten des Probanden

Alter	22 Jahre
Geschlecht	Männlich
Körpergröße in Meter (m)	1,77m
Gewicht in Kilogramm (kg)	85kg
Trainingsmotiv	Möchte seine Ausdauer trainieren und das Gewicht (durch Körperfett) reduzieren.
Berufliche Tätigkeit	Student (Finanzbuchhaltung)
Frühere Sportliche Aktivitäten	Gelegentliches Fußballspielen mit Freunden (2-3mal im Monat), ansonsten wurde der Sport früher eher gemieden und ohne festes Ziel verfolgt.
Aktuelle Sportliche Aktivitäten	Gelegentliches moderates Jogging (1-mal in der Woche, bei gutem Wetter)
Zeitlicher Verfügbarkeitsrahmen	2- bis 3-mal die Woche, Dauer flexibel
Leistungsstufe	Anfänger/Beginner
Gesundheitliche Probleme	Der Proband hat weder orthopädische noch interniste Probleme und ist nicht in ärztlicher Behandlung oder nimmt Medikamente, die ihn einschränken könnten. Es besteht somit keine Einschränkungen hinsichtlich der Belastbarkeit der Person, sowie dessen Trainierbarkeit.

Anhand verschiedener Eingangstest Vorort wurden alle wichtigen biometrischen Daten des Probanden erhoben, um einerseits die Trainierbarkeit besser einschätzen zu können, anderseits um eventuelle Risiken auszuschließen. Diese sind unteranderem für die weitere Trainingsplanung und Zielerstellung von großer Wichtigkeit und werden in der nachfolgenden Tabelle aufgelistet.

Tabelle 2: Biometrische Daten des Probanden

Eingangstest	Gemessene Werte	Normwerte	Beurteilung
Blutdruck (gemessen mittels Blutdruckmessgerätes)	Systolisch: 123mmHg Diastolisch: 82mmHg	Normale Blutdruckwerte laut der WHO (siehe Abb. 1) zwischen 120-129 systolisch und 80-84 diastolisch	Der Gemessene Wert der Testperson liegt innerhalb der Normwerte und gehört somit in die Bewertungsstufe normaler Blutdruck (Abbildung 1)
Ruhepuls (gemessen mittels elektronischem Pulsmessgerätes)	68 Schläge pro Minute	Ein Normaler Ruhepuls liegt bei 60 bis 80 Schlägen pro Minute (Weineck, 2003, S. 50)	Der Gemessene Wert der Testperson innerhalb der Normwerte der WHO, sollte jedoch Gesundheitlich gesehen gesenkt werden
Body-Mass-Index = BMI (kg/m²)	27,13 kg/m²	Ein Normaler BMI liegt beim Mann zwischen 18,5 und 24,9 (World Health Organization: FAO/WHO/UNO, 2000)	Der Gemessene Wert von 27,13 kg/m² liegt außerhalb des Normwertes und ist somit Übergewichtig
Körperfettanteil in Prozent % (gemessen mittels BIA Körperanalysewaage)	18%	Normalbereich zwischen 20-39 Jahren bei 8-20% (Gallagher, et al., 2000)	Der Gemessene Wert von 18% liegt im Normalbereich, jedoch an der oberen Grenze

Klassifikation	Systolisch (mmHg)	Diastolisch (mmHg)
Optimaler Blutdruck	<120	<80
Normaler Blutdruck	120 – 129	80 – 84
Hoch-normaler Blutdruck	130 – 139	85 – 90
Milde Hypertonie (Stufe 1)	140 – 159	90 – 99
Mittlere Hypertonie (Stufe 2)	160 – 179	100 – 109
Schwere Hypertonie (Stufe 3)	>=180	>=110

Abbildung 1: Einteilung der Blutdruckwerte nach WHO (eigene Darstellung)

1.2 Leistungsdiagnostik/Ausdauertestung

Um die Leistung des Probanden richtig einschätzen zu können, erfordert es einer Leistungsdiagnostik bzw. eines Ausdauertests. Dieser Ausdauertest erfolgt mithilfe eines vorher ausgewählten Testverfahrens und wird nach Abschluss des Trainingszyklus wiederholt. Der Re-Test zeigt somit einen „Vorher/Nachher" Vergleich zwischen dem Anfangsstadium und nach dem Trainingszyklus. Die Testung erfolgt über das Fahrradergometer, da dieses viele positive Eigenschaften mit sich bringt. Die Belastung ist exakt dosierbar und jederzeit reproduzierbar, was ein Kriterium für die Vergleichbarkeit ist. Ferner ist das Ergometer für fast alle Personengruppen geeignet, da es orthopädische Fehlerbildungen nahezu ausmerzt (Löllgen, Erdmann, & Gitt, 2009, S. 4)

Die verschiedenen Ausdauertests richten sich nach dem Leistungsniveau des Probanden. Bei sehr Leistungsstarken bzw. Leistungssportlern bietet sich der Vita-Maxima-Test an. Bei gut trainierten Männern, Frauen oder älteren Menschen eignet sich der Test nach

Hollmann-Venrath und bei Leistungsschwachen, älteren, übergewichtigen, sowie untrainierte Frauen sollte der Test nach WHO, wie auch bei dem in Teilaufgabe 1.1 beschriebenen Probanden herangezogen werden.

1.2.1 Begründung zur Auswahl des WHO-Tests

Der WHO-Test wurde aufgrund der früheren sportlichen und der derzeitigen sportlichen Aktivität herangezogen (siehe Tabelle 1). Da der Proband mehr spontan und sporadisch Sport betrieben hat, ist er nach individueller Einschätzung eher leistungsschwach einzustufen. Ebenfalls ist der relativ mittelmäßige Ruhepuls, der erhöhte BMI und der grenzwertige KFA (Körperfettanteil), weitere Indikatoren für eine leistungsschwache Person (siehe Tabelle 2). Somit kommen der Hollmann-Venrath und der Vita-Maxima-Test für den Probanden nicht in Frage, da dieser Test lediglich für leistungsstarke bzw. Leistungssportler geeignet ist und auf einer sehr hohen Belastungsebene ausgeführt wird.

1.2.2 WHO-Test auf dem Fahrradergometer

Die folgende Tabelle zeigt den Fahrradergometertest nach WHO, sowie das Testprotokoll samt allen testrelevanten Daten. Die Herzfrequenz wird in jeder vollen Minute gemessen.

Tabelle 3: WHO-Test

Radergometertest nach WHO-Schema			
Testrelevante Daten			
Geschlecht	Männlich	Alter	22 Jahre
Testform	Submaximal, Stufentest	Eingangsbelastung	25 Watt
Stufendauer	2 Minuten	Belastungssteigerung	25 Watt
Trittfrequenz	60 – 80 U/min	Pulsobergrenze nach IPN	145 S/min (modifiziert nach Trunz, 2001; IPN, 2004)
Abbruchgrenze	< 145S/min	Gewicht	85kg
Ruhepuls	68 S/min	Blutdruck	123mmHg systolisch / 82mmHg diastolisch
Eingangstest 23.11.17			
Zeit (min)	Belastung	Herzfrequenz 1 (S/min)	Herzfrequenz 2 (S/min)
0 – 2	25 Watt	75	77
2 – 4	50 Watt	79	80
4 – 6	75 Watt	82	85
6 – 8	100 Watt	90	97
8 – 10	125 Watt	102	110
10 – 12	150 Watt	115	122
12 – 14	175 Watt	130	136
14 – 16	200 Watt	140	146
7 – 19	Testabbruch da Pulsobergrenze überschritten wurde		
Auswertung			
Watt gesamt		200 Watt	
Watt/kg		2,35 Watt/kg (200Watt/85kg)	
Bewertung nach Normtabelle		Durchschnittliches Ergebnis (Intensität 0,615 (IPN, 2004, S.8))	

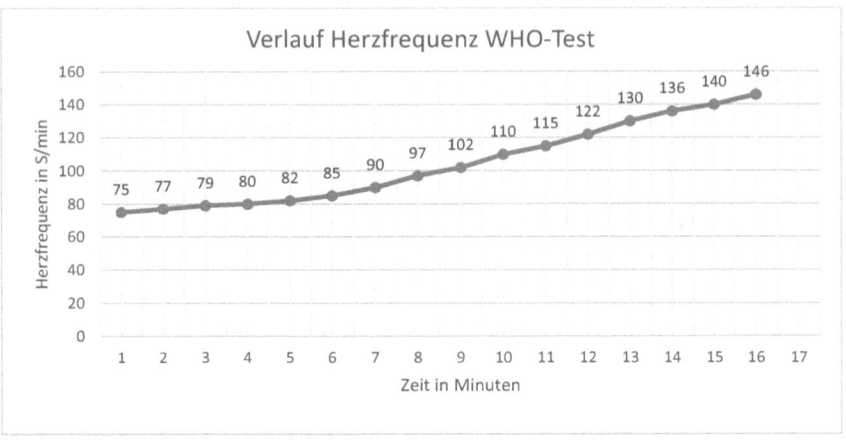

Abbildung 2: Verlauf der Herzfrequenz des Probanden während des WHO-Test

1.2.3 Bewertung des erzielten Testergebnisses

Der Proband hielt den Test bis zur achten Stufe (200 Watt) durch, musste jedoch danach abgebrochen werden, da die Pulsobergrenze überschritten wurde. Daraus ergibt sich eine Soll-Watt-Leistung, bezogen auf das Körpergewicht, von 2,35 Watt/kg. Das Ergebnis liegt zwischen 2,2 Watt/kg und 2,4 Watt/kg und ist daher durchschnittlich und der Proband somit als untrainierter Normalbürger einzustufen (Institut für Prävention und Nachsorge (IPN), 2004, S. 8).

1.3 Gesundheits- und Leistungsstatus der Person

Der Gesundheits- und Leistungsstatus des Probanden hinsichtlich der Trainierbarkeit und Belastbarkeit ist gut einzustufen. Lediglich der leicht erhöhte BMI von 27,13kg/m² und der Körperfettanteil liegen entweder nicht im Normalbereich oder sind grenzwertig (siehe Tabelle 2). Laut WHO-Test (siehe 1.2.2) ist der Proband ein untrainierter Normalbürger mit mittelmäßiger Ausdauerfähigkeit. Der Proband befindet sich in keinerlei ärztlichen oder medikamentösen Behandlung und ist im Endeffekt voll belastbar mit keinerlei Einschränkungen in Hinsicht der Trainierbarkeit.

2 Zielsetzung/Prognose

Jeder Mensch und auch jeder Sportler, verfolgt während seines Lebens gewisse Ziele bzw. Motive, so auch unser Proband. Um seine Ziele während des Trainingszyklus zu erreichen (siehe Tabelle 1) müssen sie im Vorfeld klar definiert und realistisch gesehen werden. Sie werden in Inhalt, Ausmaß und Zeit aufgeteilt und in der nachfolgenden Tabelle übersichtlich dargestellt.

Tabelle 4: Zieldefinition nach Inhalt, Ausmaß, Zeit und Begründung

	Inhalt	Ausmaß	Zeit
1. Ziel	Gewichtsreduktion	Senkung des Gewichts von 85kg auf min. 77kg ➔ Reduktion von min. 8kg	6 Monate
Begründung	Das Gewicht spielt bei dem WHO-Test ebenfalls eine große Rolle, denn umso niedriger das eigene Gewicht, desto höher die relative Soll-Watt-Leistung. Ebenfalls liegt es im persönlichem Interesse des Probanden.		
	Inhalt	Ausmaß	Zeit
2. Ziel	Reduzierung BMI	Senkung des BMIs von bisher 27,13 auf > 24,9 Reduzierung um min. 2,23 kg/m²	6 Monate
Begründung	Der BMI des Probanden liegt oberhalb des Normbereiches von 18,5kg/m² und 24,9kg/m² (World Health Organization: FAO/WHO/UNO, 2000). Um gleichzeitig den BMI in den Normalbereich zu bringen und aber auch das Ziel der Gewichtsreduktion zu erfüllen wurde dieses Ziel ausgewählt.		
	Inhalt	Ausmaß	Zeit
3. Ziel	Steigerung der Soll-Watt Leistung nach WHO-Testung auf dem Ergometer	Eine Steigerung von bisher 2,35 Watt/kg auf min. 2,6 Watt/kg ➔ ➔ Steigerung um min. 0,25 Watt/kg (Steigerung von untrainierter Normalbürger auf trainiertem Niveau (Institut für Prävention und Nachsorge (IPN), 2004))	3 Monate
Begründung	Der Proband möchte gerne seine Ausdauer trainieren, nach WHO-Test und IPN Vergleich befindet er sich noch auf dem Niveau eines untrainierten Normalbürgers. Steigern wir seine Soll-Watt-Leistung auf den oben angegeben Wert, steigt der Proband nach IPN Vergleich auf das Niveau eines trainierten.		

3 Trainingsplanung Mesozyklus

3.1 Grobplanung Mesozyklus

Die nachfolgende Tabelle stellt den groben Mesozyklus des Ausdauertrainings für den Probanden dar.

Tabelle 5: Grobplanung Mesozyklus

Mesozyklus	
Dauer	6 Wochen
Trainingsziel	Aufbau der Grundlagenausdauer (GA1)
Belastungsumfang pro Woche	1 – 2 Stunden
Trainingsmethode	- Extensive Dauermethode - Variable Dauermethode
Trainingsintensität	- 40% - 45% $Hf_{Reserve}$ (regenerativ) - 45% - 65% $Hf_{Reserve}$ (extensiv) - 65% - 80% $Hf_{Reserve}$ (intensiv) - 50% - 80% $Hf_{Reserve}$ (variabel)
Trainingshäufigkeit pro Woche	2 – 3-mal
Dauer der Trainingseinheit	- 15min – 30min (regenerativ) - 30min – 90min (extensiv) - 20min – 30min (intensiv) - 30min – 45min (variabel)
Trainingsgerät	Fahrradergometer

3.2 Detailplanung Mesozyklus

Die Trainingsherzfrequenz sollte für den Probanden in einer Unter- und Obergrenze dargestellt werden. Mithilfe der Karvonen-Formel (Prozent von $Hf_{Reserve}$-Methode) wurden die einzelnen Unter- und Obergrenzen berechnet.

Karvonen-Formel: $(Hf_{max} – Hf_{Ruhe})$ x Intensität % + Hf_{Ruhe} = Trainingsherzfrequenz

Hf_{max} = maximale Herzfrequenz (220 – Lebensalter)

Hf_{Ruhe} = Ruhe Herzfrequenz

$(Hf_{max} – Hf_{Ruhe})$ = Herzfrequenzreserve

Beispielrechnung:

(198S/min – 68S/min) x 55% + 68S/min = 139,5S/min

Die verwendeten Unter- und Obergrenzen wurden anhand dieser Formel errechnet. Die nachfolgende Tabelle zeigt den detaillierten Mesozyklus aus 3.1.

Tabelle 6: Mesozyklus detailliert

1. Woche	Montag	Mittwoch	Freitag
Trainingsziel	GA 1		GA 1
Trainingsmethode	Extensive DM		Extensive DM
Trainingsintensität	45% – 50% $Hf_{reserve}$		45% – 50% $Hf_{reserve}$
Trainingsherzfrequenz	126,5 – 133 S/min		126,5 – 133 S/min
Trainingsdauer	30min		30min
Trainingsgerät	Fahrrad		Laufband (Walking)
2. Woche	Montag	Mittwoch	Freitag
Trainingsziel	GA 1		GA 1
Trainingsmethode	Extensive DM		Extensive DM
Trainingsintensität	45% – 50% $Hf_{reserve}$		45% - 50% $Hf_{reserve}$
Trainingsherzfrequenz	126,5 – 133 S/min		126,5 – 133 S/min
Trainingsdauer	30min		30min
Trainingsgerät	Fahrrad		Laufband (Walking)
3. Woche	Montag	Mittwoch	Freitag
Trainingsziel	GA 1	GA 1	GA 1
Trainingsmethode	Extensive DM	Extensive DM	Extensive DM
Trainingsintensität	45% - 50% $Hf_{reserve}$	45% - 50% $Hf_{reserve}$	45% - 50% $Hf_{reserve}$
Trainingsherzfrequenz	126,5 – 133 S/min	126,5 – 133 S/min	126,5 – 133 S/min
Trainingsdauer	30min	30min	30min
Trainingsgerät	Laufband (Walking)	Fahrrad	Laufband (Walking)
4. Woche	Montag	Mittwoch	Freitag
Trainingsziel	GA 1	GA 1	GA 1
Trainingsmethode	Extensive DM	Extensive DM	Extensive DM
Trainingsintensität	45% - 50% $Hf_{reserve}$	45% - 50% $Hf_{reserve}$	45% - 50% $Hf_{reserve}$
Trainingsherzfrequenz	126,5 – 133 S/min	126,5 – 133 S/min	126,5 – 133 S/min
Trainingsdauer	40min	40min	40min
Trainingsgerät	Laufband (Walking)	Fahrrad	Laufband (Walking)
5. Woche	Montag	Mittwoch	Freitag
Trainingsziel	REKOM	GA 1	GA 1
Trainingsmethode	Extensive DM	Extensive DM	Extensive DM
Trainingsintensität	40% – 45% $Hf_{reserve}$	50 – 65% $Hf_{reserve}$	50 – 65% $Hf_{reserve}$
Trainingsherzfrequenz	120 – 126,5 S/min	133 – 152,5 S/min	133 – 152,5 S/min
Trainingsdauer	25min	40min	40min
Trainingsgerät	Fahrrad	Laufband (Walking)	Fahrrad
6. Woche	Montag	Mittwoch	Freitag
Trainingsziel	GA 1	GA 1/GA 2	GA 1
Trainingsmethode	Extensive DM	Variable DM	Extensive DM
Trainingsintensität	50 – 65% $Hf_{reserve}$	50 – 80% $Hf_{reserve}$ 50 – 65% $Hf_{reserve}$ (extensiv) 65 – 80% $Hf_{reserve}$ (intensiv)	50 – 65% $Hf_{reserve}$
Trainingsherzfrequenz	133 – 152,5 S/min	133 – 172 S/min 133 – 152,5 S/min (extensiv) 152,5 – 172 S/min (intensiv)	133 – 152,5 S/min
Trainingsdauer	40min	40min (8:2)	40min
Trainingsgerät	Laufband (Walking)	Fahrrad	Laufband (Walking)

Hinweis zu Tabelle 6:

- DM = Dauermethode
- Variable Dauermethode (extensiver Anteil min : intensiver Anteil min)

3.3 Begründung zum Mesozyklus

3.3.1 Begründung zum angestrebten wöchentlichen Belastungsumfang

Die nachfolgende Tabelle dient zur besseren Übersicht des wöchentlichen Belastungsumfanges des Probanden.

Tabelle 7: Wöchentlicher Belastungsumfang des Probanden

	Wöchentlicher Gesamtumfang	GA1	REKOM
Woche 1	60 min	60 min (100%)	-
Woche 2	60 min	60 min (100%)	-
Woche 3	90 min	90 min (100%)	-
Woche 4	120 min	120 min (100%)	-
Woche 5	105 min	80 min (76,19%)	25 min (23,81%)
Woche 6	120 min	120 min (100%)	-

In erster Linie richtet sich der wöchentliche Belastungsumfang nach dem Zeitlichen Verfügungsrahmen des Probanden (siehe Tabelle 1), dieser lag bei 2-3-mal in der Woche. Innerhalb des Mesozyklus wurde sich darangehalten (siehe Tabelle 6). In den ersten zwei Wochen wurde sich an dem Minimalprogramm orientiert (Zintl & Eisenhut, 2001, S. 137) und somit der Proband wieder am kontinuierlichem Training herangeführt, mit einer Belastungsdauer von 60min pro Woche. Da der Proband hauptsächlich auf einer Gewichts- bzw. Körperfettreduktion aus ist, müssen wir ihn langsam auf eine wöchentliche Belastung von 3 Stunden pro Woche vorbereiten, da hier der Stoffwechsel am aktivsten ist (Zintl & Eisenhut, 2009, S. 142). Deshalb steigert sich der Belastungsumfang ab Woche zwei stetig (siehe Tabelle 7) auf über 60min, da hier am meisten freie Fettsäuren zur Energiebereitstellung (aeroben) verwendet werden.

3.3.2 Begründung zu den ausgewählten Trainingsmethoden

3.3.2.1 Extensive Dauermethode

Die extensive Dauermethode dient dazu die Grundlagenausdauer 1 aufzubauen, auf dieser wiederrum die Grundlagenausdauer 2 aufbaut. Ferner ist die Energiebereitstellung in der Extensiven Dauermethode hauptsächlich aerob, was dazu führt das neben Glukose auch freie Fettsäuren (ab 60min Belastung) zur Energiegewinnung verwertet werden (Zintl & Eisenhut, 2009, S. 119). Somit führt das GA 1 Training zu einer Aktivierung und Verbesserung des Fettstoffwechsels. Aufgrund der moderaten Belastungsintensität, ist während des Trainings die Laktatproduktion sehr gering im Blut. Ebenfalls wird durch dir Ökonomisierung und Stabilisierung des Herz-Kreislauf-Systems, die generelle aerobe Leistungsfähigkeit verbessert.

3.3.2.2 Extensive Dauermethode REKOM

Das REKOM Training fördert eine ausreichende aktive Regeneration nach vorherigen intensiveren Belastungen und bereitet auf nachfolgende Belastungen vor. Ebenfalls hat das Training zahlreiche positive Gesundheitliche Effekte (siehe vgl. 3.3.2.1). Dank des sehr niedrigem Belastungsniveau wird innerhalb des REKOM Trainings keine nennenswerte Menge an Laktat im Blut produziert.

3.3.2.3 Variable Dauermethode

Die variable Dauermethode besteht aus Anteilen der extensiven und der intensiven Dauermethode und ist somit eine Mischform. Sie soll den Probanden langsam an die höhere Intensität heranführen, weshalb der Intervall auf acht Minuten extensiv und zwei Minuten intensiv eingestellt wurde. Der Wechsel zwischen extensiv und intensiv erfolgt auf dem Fahrrad durch die veränderte Watt-Zahl. Die Anpassung auf das Herz-Kreislauf-System und des vegetativen Nervensystems stehen hier im Vordergrund. Die Energiebereitstellung befindet sich im Wechsel im aeroben und anaeroben Bereich und die Laktatproduktion ist während des Trainings gering bis mittel. Ferner ist zu sagen das die Anpassungen zwar vorhanden, aber nicht so ausgeprägt sind, wie bei einem reinen intensiven/extensiven Training (Zintl & Eisenhut, 2009, S. 119).

3.3.3   Begründung zur Belastungsprogression

Die Grundregel der Belastungsprogression heißt: Häufigkeit vor Umfang vor Intensität (Zintl & Eisenhut, 2009, S. 18). Da im Ausdauertraining die Häufigkeit bzw. der Umfang im Vordergrund steht und nicht wie im Krafttraining die Intensität jede Woche erhöht wird, wurde diese Regel auch in der Mesozyklusplanung (siehe Tabelle 6) beachtet. Ab Woche drei erhöht sich der Trainingshäufigkeit um eine Einheit, danach der der Umfang (ab Woche vier) und zum Schluss (Woche sechs) die Intensität. Lediglich in Woche fünf schwankt der Umfang um 15min, was auf das Regenerationstraining (REKOM) zurückzuführen ist. Die Belastungsintensität ist bis Woche fünf sehr gering, weshalb erst am Anfang von Woche fünf, vor der Intensitätssteigerung, eine REKOM Einheit durchgeführt wird. Diese bereitet den Probanden auf die bevorstehende „intensivere" Belastung ausreichend vor.

3.3.4 Begründung zu den angesteuerten Trainingsbereichen

Innerhalb des Ausdauersports unterscheidet man zwischen Grundlagenausdauerbereich 1 (GA 1), Grundlagenausdauerbereich 2 (GA 2), Regerations- und Kompensationsbereich (REKOM) und der Wettkampfspezifischen Ausdauer (WSA) (Zintl & Eisenhut, 2001; Neumann, Pfützner, & Berbalk, 2007, S. 140; Hottenrott, 2006). Für das gesunheits- und fitnessorientierte Ausdauertraining spielt das Wettkampfspezifische Ausdauertraining keine Rolle. Im Mesozyklus wurden die Trainingsbereiche Grundlagenausdauer 1 (GA 1) und Regeneration- und Kompensation (REKOM) integriert. Jeder dieser Trainingsbereiche unterscheidet sich hinsichtlich seiner Belastungsintensität (Zintl & Eisenhut, 2001, S. 111) und verfolgt unterschiedliche Ziele. Da der Proband sich im Anfangsstadium befindet wird im ersten Mesozyklus auf den Grundlagenausdauerberiech 2 (GA 2) verzichtet, da dieser eine zu hohe Intensität hätte. Die Grundlagenausdauer 1 (GA 1) verfolgt das Ziel der Stabilisierung und Verbesserung der Grundlagenausdauer, sowie der Erhöhung der aeroben Leistungsfähigkeit durch die Ökonomisierung des Herz-Kreislaufes. Dies wird mit der Extensiven Dauermethode erzielt (Neumann, Pfützner, & Berbalk, 2007, S. 141). Das REKOM-Training unterstützt die Regeration und Kompensation und erhöht die Belastbarkeit für bevorstehende „intensivere" Einheiten (Neumann, Pfützner, & Berbalk, 2007, S. 141).

3.3.5 Begründung der ausgewählten Ausdauergeräte bzw. Bewegungsformen

Aufgrund seines Leistungsniveaus wurde für den Probanden innerhalb der ersten sechs Wochen das Radergometer und das Laufband (Walking) ausgewählt. Das Radergometer eignet es sich für den Einstieg aufgrund der geringen Gefahr orthopädischer Fehlbelastungen und der geringen koordinativen Beanspruchung bestens. Da der Proband aber auch schon des Öfteren Joggen gewesen ist, wurde das Laufband (Walking) ebenfalls mit hinzugefügt, um eine Monotonie zu vermeiden. Ebenfalls hat das Laufband (Walking) den Vorteil mehrere Muskelgruppen zu aktivieren und ist ein alltagsnahes Ganzkörpertraining und somit eine ideale Bewegungsform (Zintl & Eisenhut, 2009, S. 143). Deshalb bildet auch das Laufband (Walking) die meisten Einheiten innerhalb des Mesozyklus (Tabelle 6).

4   Literaturrecherche

Die Literaturrecherche zu dem Thema „Effekte von Ausdauertraining bei arterieller Hypertonie" wird in der nachstehenden Tabelle näher geschildert.

Es gilt zu beachten, dass sich der Versuchsaufbau, die Schlussfolgerung sowie die Ergebnisse nur auf die Kontrollgruppe bzw. Ausdauergruppe beschränken.

Tabelle 8:Literaturrecherche zu dem Thema: "Effekte von Ausdauertraining bei arterieller Hypertonie" (Vlatsas, 2015; Bickenbach, 2012)

Studie Nr. 1	Studie Nr. 2
Studientitel	
„Kardiovaskuläre Effekte eines aeroben versus eines isometrischen Trainings bei arterieller Hypertonie"	„Auswirkungen von Ausdauer- vs. Krafttraining vs. der Kombination Ausdauer-/Krafttraining auf die systemische Hämodynamik, Gefäßelastizität sowie Herzfrequenzvariabilität bei Patienten mit arterieller Hypertonie„
Wer führte die Studie durch?	
(Vlatsas, 2015)	(Bickenbach, 2012)
In welchem Jahr wurde die Studie durchgeführt?	
2015	2012
Mit welchen Versuchspersonen wurden die Studien durchgeführt?	
- 70 Patienten mit bekannter medikamentös behandelter Hypertonie oder mit einem Blutdruck ≥ 140/90mmHg ohne medikamentöser Behandlung	- 55 therapienaive Hypertonie Patienten (42 Männer, 13 Frauen, Alter 54,7 ± 10,4 Jahre, Größe 175,3 ± 8,3 cm, Gewicht 87,3 ± 14,7 kg) mit arterieller Hypertonie Grad I/Prähypertonie
Wie sah der Versuchsaufbau der Studie aus?	
- Vor und nach dem 12 Wochen Programm wurde bei jedem Patienten 24h lang der Blutdruck mittels Blutdruckmessgerät ermittelt, sowie eine Pulswellenanalyse und Aortendruck Messung. - Die Patienten wurden in drei verschiedene Gruppen zufällig eingeteilt. - Gruppe eins (25 Patienten) vollzog 5 Mal die Woche über einen Zeitraum von 12 Wochen ein isometrisches Training (Faustschlusskontraktionen mit 30% der maximalen Kraft). - Gruppe zwei (23 Patienten) war die Placebo Gruppe und vollzog ebenfalls 5 Mal die Woche ein isometrisches Training, jedoch an einem Placebo-Gerät (Faustschlusskontraktionen mit 5% der maximalen Kraft). - Gruppe drei (22 Patienten) vollzogen 5 Mal die Woche ein aerobes Ausdauertraining á 30-45min - Es wurden keinerlei weitere Interventionen und Veränderung der Medikamente während der Studie vorgenommen	- Die Eingangsanalyse umfasste unter anderem eine 24-Stunden-Blutdruckanalyse (Spacelabs Healthcare NIBP), HRV-Analyse (Task Force Monitor 3040i®), Bestimmung der Gefäßelastizität (Arteriograph TensioMed TM). - Die Patienten wurden in vier unterschiedliche Gruppen randomisiert eingeteilt. - Gruppe eins vollzog ein reines Ausdauertraining (AT), Gruppe zwei ein reines Krafttraining (KT), Gruppe drei ein gemischtes Training (AKT) und Gruppe vier war die Kontrollgruppe (KG) - Das Training umfasste über einen Zeitraum von 12 Wochen drei Einheiten pro Woche

Welche relevanten Ergebnisse und Schlussfolgerungen lieferten die Studien?

- Das aerobe Training bei Gruppe drei führte zu einem Signifikat Unterschied zwischen der ersten 24-Stunden-Blutdruckmessung und der letzten Messung (nach 12 Wochen).
- Sowohl systolisch als auch diastolisch kam es bei dem aeroben Ausdauertraining zu einer Senkung der 24-Stunden-Blutdruckmessung (systolisch von 129.1 ± 10.4mmHg auf 122.7 ± 11.7mmHg und diastolisch von 79.5 ± 8.9mmHg auf 76.7 ± 10.9mmHg).
- Ebenfalls verbesserte sich die Elastizitätsindices der kleinen und der großen Gefäße und es kam zu einem Abfall des totalen peripheren Widerstandes.
- Aerobes Ausdauertraining hat einen blutdrucksenkenden Effekt bei Hypertonikern.
- Das Isometrische Training nach der Faustschlusskontraktion hat den Blutdruck oder die Gefäßelastizität der Patienten nicht positiv beeinflusst.

- In allen drei Gruppen (ausgeschlossen die Kontrollgruppe) kam es zu einer körperlichen Leistungssteigerung anhand $VO2_{max}$.
- Die Gruppen reduzierten ihren Blutdruck um folgende Werte:
  1. AT Gruppe = -3,30mmHg (2,35%)
  2. KT Gruppe = -4,90mmHg (3,44%)
  3. AKT Gruppe = -5,80mmHg (4,18%)
- Die Gefäßelastizität verbesserte sich in keiner Gruppe signifikant.
- Die AKT Gruppe erzielte die besten Ergebnisse hinsichtlich der Blutdrucksenkung, was womöglich an dem doppelten Belastungsumfang lag.
- In den Trainingsalltag der Hypertonie Patienten sollte vor allem das Krafttraining, dank seiner positiven Eigenschaften wie den Metabolismus, integriert werden.

5 Literaturverzeichnis

Bickenbach, A. (2012): *Auswirkungen von Ausdauer- vs. Krafttraining vs. der Kombination Ausdauer-/Krafttraining auf die systemische Hämodynamik, Gefäßelastizität sowie Herzfrequenzvariabilität bei Patienten mit arterieller Hypertonie,* Dissertation, Deutsche Sporthochschule Köln, Köln.

Gallagher, D., Heymsfield, S., Heo, M., Jebb, S., Murgatroyd, P., & Sakamoto, Y. (24. Januar 2000). Healthy percentage body fat ranges: an approach for developing guidelines based on body mass index. *American Society for Clinical Nutrition, 72*(3), S. 694-701.

Hottenrott, K. (2006). *Trainingskontrolle mit Herzfrequenz-Messgeräten.* Aachen: Meyer & Meyer.

Institut für Prävention und Nachsorge (IPN). (2004). *IPN-Test® - Ausdauertest für den Fitness- und Gesundheitssport.* Köln: Institut für Prävention und Nachsorge.

Löllgen, H., Erdmann, E., & Gitt, A. (2009). *Ergometrie.* Heidelberg: Springer-Verlag Berlin Heidelberg.

Neumann, G., Pfützner, A., & Berbalk, A. (2007). *Optimiertes Ausdauertraining* (5. Überarb. Ausg.). Aachen: Meyer & Meyer.

Trunz, E. (2001). *IPN-Test® - Ausdauertest für den Fitness- und Gesundheitssport.* Köln: Institut für Prävention und Nachsorge.

Vlatsas, S. (2015): *Kardiovaskuläre Effekte eines aeroben versus eines isometrischen Trainings bei arterieller Hypertonie.* Dissertation., Medizinische Fakultät Charité - Universitätsmedizin Berlin, Berlin.

Weineck, J. (2003). *Ausdauertraining. Trainingssteuerung über die Herzfrequenz- und Milchsäurebestimmung.* Balingen : Spitta.

World Health Organization: FAO/WHO/UNO. (2000). *Obesity: Preventing and Managing the Global Epidemic.* Geneva: Technical Report Series 894.

Zintl, F., & Eisenhut, A. (2001). *Ausdauertraining. Grundlagen - Methoden - Trainingssteuereung.* München: BLV Sportwissen.

Zintl, F., & Eisenhut, A. (2009). *Ausdauertraining. Grundlagen- Methoden - Trainingssteuerung* (7. Ausg.). München: BLV Sportwissen.

6 Abbildungs- und Tabellenverzeichnis

6.1 Abbildungsverzeichnis

6.2 Tabellenverzeichnis